ABTPRIMAS NOTKER WOLF
CORINNA MÜHLSTEDT
Mitten im Leben
wird Gott geboren

ABTPRIMAS NOTKER WOLF
CORINNA MÜHLSTEDT

Mitten im Leben wird Gott geboren

24 Impulse zur Weihnachtszeit

HERDER

FREIBURG · BASEL · WIEN

Inhalt

Mitten im Leben

Wen Reisen im Dienst der Kirche oder der Medien in alle Welt führen, der kennt die Not der Kriege und das Elend der Slums hautnah. Er erlebt, dass Geldgier und Machthunger immer auf dem Rücken der Schwächsten ausgetragen werden. Und er sehnt sich nach der befreienden Botschaft von dem Kind in der Krippe, das die Welt verändern wird. Er wartet auf das «Fürchtet euch nicht!», das die Engel in die dunkle Nacht rufen.

Aber wo ist dieses Kind? Wo sind die Engel? – Legenden aus uralter Zeit? Illusionen? Schall und Rauch?

Wir meinen, es gibt sie auch heute: die Fingerzeige Gottes in unserem Leben. Sie sind keine strahlenden Lichtwesen, sondern Momente der Erfahrung. Unvermittelt brechen sie unseren Alltag auf für eine neue Dimension und lassen etwas von dem ahnen, was Gott ist und will – ganz konkret, hier und jetzt.

Solche Erfahrungen möchten wir mit unseren Lesern teilen und wir wünschen dabei allen ein offenes Herz – in der Weihnachtszeit und an jedem Tag des Jahres.

+ Notker Wolf
Corinna Mühlstedt

I

Antworten suchen

In der Weihnachtszeit war ich einmal in Israel, und zwar in Tabgha am See Gennesaret, dem Ort der Brotvermehrung Jesu. Es ist ein wunderbarer idyllischer Ort, wo Jesus selbst einst am Seeufer gewandert ist und seine ersten Jünger berufen hat. Wir Benediktiner haben dort seit über hundert Jahren ein Kloster, das allerdings aus Personal- und Geldmangel oft schon ums Überleben kämpfen musste.

Eines Abends nach der Vesper saß ich ruhig am See und dachte darüber nach, wie wohl Jesus selbst auch mit seinen eigenen Problemen einst an diesem Ufer saß, versonnen hinüberblickte und vielleicht sogar manchmal an seiner eigenen Berufung zweifelte. Aus dem kleinen Kind in der Krippe war ein junger Mann geworden, der am See Gennesaret alles andere als leichte Stunden hatte. Er musste dort gemäß dem Johannesevangelium erleben, wie etliche Anhänger ihn verließen, und hat sogar seine zwölf Jünger gefragt: «Wollt auch ihr gehen?»

Jesus kommt einem im Heiligen Land und besonders am See Gennesaret menschlich äußerst nahe. Ich kann insofern jedem nur raten, wenn irgend möglich einmal im Leben dorthin zu fahren. Wenn man dort ist, braucht man keine große Theologie. Auf einmal wird Jesus sehr lebendig. Er bleibt dann nicht in geografischer oder theologischer Distanz.

Ich saß eine gute Stunde am See, als mir plötzlich ein großer Balken auffiel, der dort lag. Ganz spontan musste ich daran denken, wie Jesus uns aufgefordert hatte, zuerst den Balken aus dem eigenen Auge zu ziehen, bevor wir den Splitter im Auge des anderen suchen. Man sieht die biblischen Erzählungen plötzlich unmittelbar vor sich, alles ist ganz nah.

Unsere Mitbrüder betreiben hier eine interreligiöse Begegnungsstätte, in der sich palästinensische und israelische Jugendliche treffen. Unter ihnen sind zahllose Behinderte, denn in Tabgha fließt eine Heilquelle, die vielen Leidenden guttut. Ich glaube, wenn Jugendliche einander kennenlernen und feststellen, dass die anderen auch Menschen sind wie sie, dann ist das Friedensarbeit im Sinne Jesu. Und wenn bereits Kinder diese Erfahrung machen, werden sie später nicht so rasch die Faust gegen den anderen erheben.

Sogar die Eltern der Kinder kommen in Tabgha ins Gespräch, erzählen sich gegenseitig, was sie durchgemacht haben, und stellen dann oft fest, dass sie – bildlich gesprochen – im selben Boot sitzen. Manchmal kommen ihnen dabei sogar die Tränen.

Außerdem ist Tabgha ein Ort für Exerzitien und ich hoffe, dass dieser Geist dort noch lange erhalten bleibt, dass Menschen hingehen können in die Stille, mit der Bibel in der Hand, um einfach nachzuempfinden und tiefer zu verstehen, wer Jesus war, und was er uns Menschen bringen und schenken wollte.

Wer ist Er?
Es heißt,
Er war einer von uns,
auf der Suche,
voller Zweifel und Fragen.
Und es heißt auch:
Er sei der Weg,
die Wahrheit und das Leben.

Wer ist Er?
Sie berichten
von Ohnmacht und Angst,
von Folter und Tod.
Und sie erzählen
von einer Liebe,
die Wunden heilt
und den Tod überwindet.

Wer ist Er?
Das Kind in der Krippe?
Der Mann am Kreuz?
Die Liebe, die Hoffnung, die Zukunft?

Er ist mir verborgen
– doch in manchen Momenten
begegne ich Ihm.

2

Auf Gott warten

Kommt, lasst uns den Herrn anbeten! Er ist der König, der kommen wird.» Diesen adventlichen Vers lese ich in meinem Brevier auf einem Flug nach Manila. In der Hauptstadt der Philippinen angekommen, werde ich von unseren Mitbrüdern abgeholt. Im dichten Morgenverkehr kommen wir mit unserem Kleinbus nur schleppend voran.

Ich schaue nach draußen auf die kleinen Läden, sehe ganze Kolonnen von Schülern mit Büchern im Arm. Meine Blicke gehen in die Seitenstraßen, auf die windigen Hütten, auf die mit Jeans, Blusen und T-Shirts behangenen Wäscheleinen. Wir fahren an einem fast ausgetrockneten Flussbett entlang. Der Gestank dringt ins Auto. Tausende von Menschen wohnen hier, direkt neben all dem Unrat, und sind vermutlich froh, überhaupt ein Dach über dem Kopf zu haben.

Meine Lippen murmeln weiter: «Kommt, lasst uns den Herrn anbeten! Er ist der König, der kommen wird.» Der so vertraute Text kommt mir auf einmal so fremd vor, so fern der Wirklichkeit. Die Menschen hier haben wohl kaum Zeit für Anbetung. Und ob sie auf einen König warten, der kommen soll? Ich weiß es nicht. Die vielen Kleinhändler, sie warten auf Käufer. Die meisten werden wohl mit der Frage beschäftigt sein, was sie am nächsten Tag in ihrer vielköpfigen Familie essen.

Ich möchte zum Busfahrer sagen: «Halt an! Ich will zu den Leuten gehen und sie fragen, wie sie mit dem Leben zurechtkommen, worauf sie warten, ob es Hoffnung gibt, die sie bewegt, ob es für sie einen König gibt, auf den sie warten?» Es wäre nutzlos. Man würde mich nur fragend anstarren. Was will denn dieser Fremde hier?

Die Philippinos sind ein frommes Volk, auch wenn sich Glaube und Aberglaube bei ihnen häufig mischen. Viele haben in der Tat ihren Weg gefunden, Advent zu feiern und ihren Hoffnungen Ausdruck zu verleihen. Sie singen, tanzen und feiern mitten in ihrer Armut und am 24. Dezember werden sie ihre Heiligen durch die mit unzähligen elektrischen Lampen geschmückten Straßen tragen. Aber genügt das?

In unserem Kloster Digos auf der südphilippinischen Insel Mindanao suchen unsere Mitbrüder nach neuen Wegen. Sie haben eine kleine Ambulanz aufgebaut, die Kranke aus den umliegenden Dörfern versorgt, kümmern sich um Drogenabhängige und geistig Behinderte. Die Kranken, die zuvor in ihren Familien depressiv herumhingen, werden wieder aktiv und arbeiten in der bescheidenen Landwirtschaft mit.

Es ist nichts Großartiges, was unsere Mitbrüder tun. Sie versuchen einfach, den Weg Jesu zu gehen. Sie hegen keinen Weltbekehrungsanspruch. Sie zünden ein kleines Licht der Hoffnung an unter armen Menschen. Hier erlebe ich Advent. Gott kommt nicht mit Getöse. Er bleibt ein Schwacher unter den Schwachen, ein Ohnmächtiger unter den Ohnmächtigen. Aber er ist bei ihnen.

*I*ch suche nach Sinn
im Schatten der Häuser,
am Rande der Straßen,
im Chaos des Heute,
das nicht um das Morgen weiß.

Manchmal ist mir,
als spürte ich ihn,
doch schon entzieht er sich wieder,
wie ein Stern,
den man nicht greifen kann.

Ich frage nach dem Warum
– zwischen all den Bildern
des Schreckens und des Leids.

Ich möchte wissen, was zählt:
ein Lächeln, ein gutes Wort,
eine helfende Hand?
Ist all dies der Anfang
einer besseren Welt?

Ich suche nach Antworten.
Ob ich sie finden werde?
Ich weiß es nicht.
Doch ich will nicht aufhören,
sie zu suchen.

3
Zeit finden

Was wünschst du dir?», fragte ich Abt Alkuin. Er war in den 1990er Jahren der erste Schwarzafrikaner, der zum Abt gewählt wurde. Bis dahin waren in unseren Benediktinerklöstern die Äbte ausschließlich Europäer – auch in Afrika. Und so wollte ich unserem Mitbruder anlässlich seiner Wahl etwas Besonderes schenken. Ich dachte an Geld, Maschinen, Saatgut oder andere für sein Kloster in Tansania nützliche Dinge.

Die Antwort, die ich von ihm erhielt, war typisch afrikanisch: «Schenke uns das Kostbarste, was du hast, nämlich zwei Wochen deiner Zeit. Komm zu uns und sieh, wie wir leben. Du wirst es nicht bereuen.» Ich überlegte kurz und ging auf den Vorschlag ein.

Etwas später habe ich dann als Gast zwei Wochen in der Abtei Hanga verbracht. Die Mönche und die Bewohner der umliegenden Dörfer nahmen mich auf wie ihren Vater und taten wirklich alles, damit es mir gut ging. In dieser Zeit habe ich die Afrikaner wie nie zuvor kennen und verstehen gelernt. Diese Erfahrung war für mich ein mindestens ebenso großes Geschenk wie meine Anwesenheit für unsere afrikanischen Mitbrüder und ihre Freunde.

Die Art, wie die Afrikaner etwa über viele Stunden mit Gesang und Tanz den Gottesdienst feiern, lässt uns neu verstehen, was es bedeutet, Gott die eigene Freude und Dankbarkeit zu zeigen. Religion ist in Afrika etwas, das nicht nur den Verstand bewegt, sondern vor allem das Herz. Und noch etwas habe ich in diesen zwei Wochen von den Afrikanern gelernt: Unsere Zeit ist wirklich das Wertvollste, das wir anderen geben können. Sie lässt sich durch kein materielles Gut ersetzen.

Interessanterweise konnte ich viele Jahre später, als ich längst schon Abtprimas war, diese Erfahrung noch einmal vertiefen: Ich war anlässlich des fünfzigjährigen Jubiläums dieser Abtei nach Tansania gekommen und empfand die Reise zunächst als Strapaze. Viele hundert Kilometer legten wir in unserem Jeep auf holprigen Pisten zurück. Nur mühsam konnte ich die Probleme verdrängen, die ich in Europa zurückgelassen hatte, und mich ein wenig an der Schönheit der Landschaft oder der Herzlichkeit der Menschen freuen.

Doch plötzlich streikte das E-Mail-Programm meines Laptops, den ich auf Reisen immer dabei habe, und mein Handy erreichte kein Netz mehr. Und nun kam ich endlich in Afrika an. Mit einem Mal gelang es mir, den Stress zu vergessen. Plötzlich hatte ich Zeit und konnte die Menschen mir gegenüber so bewusst und liebevoll wahrnehmen wie schon lange nicht mehr. Und abermals fühlte ich mich ebenso beschenkt wie sie.

Jedes Leben besteht aus Wegen.
Manche gehe ich voller Freude,
andere mit schwerem Schritt.
Doch die meisten lege ich
nur unachtsam zurück:
die Uhr in der Hand,
den Kalender in der Tasche.

Ich versuche,
das Ziel zu erreichen,
die Strecke zu überwinden,
anzukommen – ganz gleich wo.

Doch die Wege sind mein Leben.

Nur für heute will ich
jeden Schritt als das begreifen,
was er ist:
die Zeit, die mir gegeben wird,
um dem Wesentlichen
näher zu kommen
– dem anderen, mir selbst
oder sogar Gott.

4
Liebe wagen

Letztes Weihnachten sah ich in Rom ein junges italienisches Paar in der Messe, das ich vor einiger Zeit getraut hatte. Als ich sie nach dem Gottesdienst begrüßte, fiel mir die junge Frau um den Hals: «Ich erwarte ein Kind», flüsterte sie mir ins Ohr und ihr Mann nickte strahlend. Für mich war diese Ankündigung das schönste Weihnachtsgeschenk.

Alles hatte vor ein paar Jahren begonnen, vor dem Tor der römische Abtei von Sant'Anselmo, in der ich lebe. Ich kam gegen Mitternacht müde nach Hause. Die beiden jungen Leute standen sichtlich sehr verliebt und ebenso nachdenklich vor dem geschlossenen Tor und fragten mich unvermittelt, ob man hier heiraten könne. «Grundsätzlich ja», lachte ich, «aber nicht jetzt, um diese Zeit.» Ich gab ihnen die Telefonnummer unseres Hochzeitsbüros und erfuhr ein paar Tage später, dass sie sich einen Termin hatten geben lassen. Die Geschichte war für mich erledigt. Doch sie ging weiter.

Wochen später standen die beiden nämlich völlig ratlos an unserer Pforte und baten verzweifelt um ein

Gespräch. Sie hatten sich heillos zerstritten. Der junge Mann hatte sich im Leben immer hart durchschlagen müssen und war es gewohnt, den Ton anzugeben. Die junge Frau hingegen wagte, typisch römisch, keinen Schritt ohne Rücksprache mit ihrer Familie. Beides schien unvereinbar.

Am Ende eines langen Gesprächs sah ich ehrlich gestanden auch keinen konkreten Ausweg und konnte ihnen nur einen Rat geben: «Wenn ihr euch wirklich liebt, dann müsst ihr jetzt um diese Liebe kämpfen.» Und tatsächlich sah ich sie einige Monate später wieder. Sie hatten einen kirchlichen Ehe-Kurs gemacht und waren wie verwandelt. Die junge Frau hatte ein gesundes Selbstbewusstsein gewonnen, er gab sich zurückhaltender und rücksichtsvoller. Die Liebe zwischen ihnen war wieder zu spüren.

Ob ich bereit wäre, sie zu trauen, wollten sie wissen. Ich stimmte zu, und es wurde ein wunderbares italienisches Familienfest mit Hochzeitstorte, Musik und Tränen des Glücks. Seither sehe ich die beiden alljährlich an Weihnachten und Ostern in der Messe.

Schließlich vertrauten sie mir bei einer dieser Gelegenheiten ein neues Problem an: Er wünschte sich möglichst bald Kinder. Sie aber zögerte. Sie fürchtete einerseits um ihren Beruf, gab aber vor allem zu bedenken, wie unsicher die Zukunft sei, man könne Kindern heute kein glückliches Leben garantieren.

Ich habe damals versucht, ihnen die Angst zu nehmen. «Vertraut auf eure Liebe», sagte ich, «und auf
den, der Ursprung aller Liebe ist.»

*D*ie Angst zögert,
die Liebe wagt,
die Vernunft zweifelt,
die Liebe vertraut,
der Stolz fordert,
die Liebe gibt.

Die Liebe kennt
nicht die Antwort
auf alle Fragen,
doch sie ist
jener Moment, in dem
die Frage sich auflöst.

5
Zeichen setzen

Am Stadtrand der brasilianischen Metropole Salvador haben in den 1970er Jahren fünf Benediktinerinnen ein kontemplatives Kloster gegründet, in dem das Gebet und die Meditation im Mittelpunkt stehen. Das Unternehmen war äußerst gewagt. Denn der Baugrund lag am Rande eines Slums, die Gegend war nicht nur arm, sondern auch voller Kriminalität und Gewalt. Viele haben die Schwestern gewarnt, nicht dorthin zu gehen. Aber sie verfolgten ihren Weg beharrlich. Sie wollten unter den Armen sein.

Heute zählt das Monasteiro do Salvador mehr als 20 überwiegend junge Benediktinerinnen. Die meisten kommen aus der unmittelbaren Umgebung. Außerdem sind dank engagierter Laien rund um das Kloster zahllose Sozialprojekte entstanden: Es gibt einen Kindergarten, Computerworkshops und sogar eine Ballettschule, in der mittellose Jugendliche eine für sie sonst unbezahlbare Ausbildung erhalten. Gleichzeitig ist die Kriminalität im ganzen Viertel entschieden gesunken.

Die Schwestern tun nichts Gewaltiges. Sie leben ihren benediktinischen Tagesrhythmus mit regelmäßigen Gebetszeiten. Sie sind offen für Fragen und Gespräche, und sie versuchen nicht mehr und nicht weniger, als Zeichen der Gegenwart Gottes zu setzen. Und ganz offenbar ist das genug, um Menschen seine Liebe spüren zu lassen, um sie zu motivieren und ihnen Würde zurückzugeben.

Mir imponieren diese Schwestern, die in aller Bescheidenheit ihren Weg gehen. Zwischen Ohnmacht und Verzweiflung, Wut und Resignation, Bangen und Hoffen kämpfen sie nicht mit eisernen Waffen, die das Vermögen ganzer Völker verschlingen, sondern mit den Waffen des Glaubens. Und der besagt, dass Gott Herr der Geschichte bleibt, dass er uns Menschen, in unserem Bemühen um Frieden unterstützt und sich dabei eins weiß mit den Armen und Rechtlosen.

Das Reich Gottes wird nicht evolutionär noch revolutionär verwirklicht, sondern es wird uns zu einem unbekannten Zeitpunkt geschenkt werden. Aber wenn wir den Worten Jesu folgen, können wir dieses Reich jetzt schon erfahren, indem wir Lichter setzen, Zeichen der Güte, die Gottes Menschenfreundlichkeit zum Durchbruch verhelfen.

Mensch werden:

das Herz öffnen
und die Hände,
empfangen
und geben.

Lichter setzen
im Dunkel.

Selbst zum
Licht werden.

Eins werden
mit dem Licht.

6
Frieden bringen

Es ist Advent, als ich eine unserer benediktinischen Gemeinschaften in Taiwan besuche. Am Flughafen werde ich von einem Studenten abgeholt, der mir helfen soll, den Weg in unser Kloster zu finden. Als wir in ein Taxi steigen, begrüße ich den Chauffeur mit «Nihao» – «Guten Tag» – und bekomme ein freundliches Lächeln zur Antwort.

Mein Begleiter indes erklärt mir während der nun folgenden Fahrt, dass Taxifahrer in Taiwan nicht begrüßt würden. Sie seien Menschen niederen Standes, mit denen man sich nicht einlasse. Verzweifelt atmete ich durch: konfuzianische Standesordnung!

Ähnlich ist es mir schon während mancher China-Aufenthalte ergangen. Auch dort habe ich in Hotels die einfachen Bediensteten immer ganz selbstverständlich gegrüßt. Und stets sorgte ich damit bei unseren chinesischen Gastgebern für Irritation. In den meisten asiatischen Ländern hat der einzelne Mensch kaum eine Würde, zumal wenn er aus niederen

28

Schichten kommt. Er ist nur unbedeutender Teil in einem großen Ganzen.

Wie oft habe ich schon versucht, klarzumachen, dass auch Bedienstete einen Wert als Menschen haben. In Taiwan bin ich wieder einmal bemüht, im Taxi dem Studenten meine Haltung zu erklären: «Ich bin Christ», sage ich, «und alle anderen Menschen sind wie du und ich von Gott geschaffen. Das gibt ihnen eine gewisse Würde, die ich durch diesen Gruß respektiere ohne Ansehen ihrer Herkunft.» Der junge Mann lässt mich gewähren und schmunzelt verlegen.

Advent – Gott ankommen lassen – ich träume von einer veränderten, neuen Gesellschaft! Jesus machte keine Standesunterschiede. Alles was er tat, entsprang der unmittelbaren Liebe zu jedem Einzelnen, mit all seinen Fehlern und Schwächen. Ein freundlicher Gruß kann zum Nachdenken anregen. Er lässt Menschen neugierig werden auf die Ankunft dessen, der hinter dem Lächeln steht: auf Christus.

Wir erwarten vom Staat,
dass er die Armut bekämpft,
wir erhoffen vom Arzt,
dass er die Kranken heilt,
wir schaffen Gesetze,
damit sie Unrecht verhindern.

Aber bin nicht ich
so oft der, der verletzt,
verwundet, kränkt?

Gedankenlosigkeit,
Gleichgültigkeit,
eine brüske Reaktion,
ein falsches Wort.

Ich möchte lernen,
Frieden zu bringen,
mit jeder noch so kleinen Geste
– zumindest für diesen Augenblick.

7
Freude schenken

Ich war ein zweieinhalb Jahre alter Stöpsel, als ich ein Weihnachtsfest erleben durfte, das mein ganzes künftiges Leben prägen sollte. Es war im Winter des Jahres 1942, mitten im Krieg. Mein Vater war an der Front. Meine Mutter wusste nicht, ob sie ihn je wiedersehen würde. Aber unser Vermieter, der im Erdgeschoss wohnte, hatte für die Feiertage Heimaturlaub bekommen. Und noch heute erinnere ich mich, wie ich am Heiligen Abend ein Glöckchen läuten hörte, und meine Mutter sagte: «Jetzt kommt das Christkind!»

Als ich über die Treppe in das Erdgeschoss hinuntergetapst war, öffnete sich vor mir eine Tür: Zum ersten Mal in meinem Leben sah ich einen Tannenbaum mit brennenden Kerzen. Und unter dem Baum war das Schönste, ein Netz mit bunten Bauklötzen. Als ich sie überglücklich in meine Fingerlein nahm, fiel mein Blick auf unseren Vermieter: Er strahlte vor Freude über mein Glück. Bald darauf ist er gefallen. Doch das Leuchten in seinen Augen ist mir bis auf den Tag in Erinnerung geblieben. Durch ihn habe ich gelernt: Es ist eine der größten Freuden, anderen eine Freude zu machen.

Bis heute empfinde ich so viele kleine und große Dinge in meinem Leben als Geschenk. Und immer wieder spüre ich den Wunsch, dem dafür zu danken, der Ursprung alles Guten ist.

Sind nicht gerade die Momente größten Glücks im Leben nie das eigene Verdienst, sondern immer ein Geschenk?

In unseren Konsumgesellschaften müssen Weihnachtsgeschenke heute teuer sein und Festmenüs vom Feinsten. Was nicht viel kostet, hat offenbar keinen Wert, löst offenbar keine Freude aus. Ganz anderes berichten mir so oft Menschen, die in Kriegszeiten, in Gefangenenlagern und unter anderen elenden Bedingungen Weihnachten gefeiert haben, oder viele unserer Mitbrüder in den Entwicklungsländern: Jedes Licht und jedes noch so bescheidene Geschenk wird unter solchen Umständen Grund zur Freude und zur Dankbarkeit. Alles wird dann zu einem Hinweis darauf, dass der unter uns ist, der uns das Größte schenkt: Leben und Zukunft.

Weihnachtsabend in einem indischen Dorf:
Vor Lehm-Hütten steht eine Krippe aus Ton.
Die kleine Kirche ist festlich geschmückt.
Menschen beten. Sie knien am Fußboden:
barfuß, andächtig, schweigend.
Nur eine Öllampe brennt.
Die Frauen tragen Saris und Blumen im Haar.
Nach der Messe erhalten die Kinder Gebäck.
Ein anderes Weihnachtsgeschenk
wird es für sie nicht geben.
Doch ihre Augen strahlen.
Sie singen und tanzen für das Christkind:
ein Kind, das ebenso arm ist wie sie,
aber der Welt den Weg zu Gott gezeigt hat.

8

Inseln schaffen

Eine Reise hat mich unlängst nach Marokko geführt, in eine bunte orientalische Lebenswelt. Doch neben dem quirligen Treiben der Städte gibt es dort auch die Stille der Wüsten. Einige Mitbrüder, Trappistenmönche, leben hier seit Jahren in Frieden. Nun hatten sie Mönche und Nonnen aus anderen Ländern zu einer Tagung eingeladen. Es war eine spannende Begegnung.

Ich erfuhr, dass meine Mitbrüder dort mit der überwiegend islamischen Bevölkerung in einem sehr positiven Austausch stehen. Sie werden anerkannt als Menschen, die ihren Glauben aufrichtig leben. Der marokkanische König schützt ihre Freiheiten und Rechte.

Am Ende des Aufenthaltes brachte mich ein junger Muslim zum Flughafen. Auf der Fahrt unterhielten wir uns über Gott und darüber, was unser jeweiliger Glaube für unser Leben bedeutet. Schließlich leistete er mir noch bei einem Kaffee Gesellschaft, während ich auf den Abflug wartete. Plötzlich entschuldigte er sich: Es sei für ihn als Muslim die Zeit des Gebets. Daraufhin ging er in eine Ecke des Raumes, sank dort auf die Knie und betete.

Mir nötigte die Haltung des jungen Marokkaners Respekt ab. Erstens, weil er den Kontakt zu Gott im Alltag offenbar ernst nahm, und zweitens, weil er sich auch nicht scheute, in aller Öffentlichkeit zu diesem Glauben zu stehen. Ich habe Ähnliches bei moderaten gläubigen Muslimen schon öfter beobachtet und wünschte mir manchmal, wir würden in Europa unseren christlichen Glauben mit der gleichen Selbstverständlichkeit praktizieren wie sie den ihrigen.

In meiner Kindheit war es auch in Deutschland für die meisten Christen normal, sich mehrfach am Tag auf Gott zu besinnen. Morgen- und Abendgebete gehörten zum Alltag, ebenso wie der Dank vor jeder Mahlzeit und vieles andere. Heute ist all das für viele Europäer nur noch Geschichte.

In unseren benediktinischen Klöstern ist das regelmäßige Gebet von jeher Teil des Lebens. Es gliedert unseren Tagesablauf. Viermal am Tag kommen wir Mönche in der Kirche zusammen, um gemeinsam die Psalmen zu singen. Für mich sind diese Gebetszeiten die Säulen das Tages. Sie geben mir die Verankerung, die ich brauche.

Und ich würde sogar sagen, dieser Rhythmus versetzt über die Jahre hinweg in eine Grundhaltung der

Offenheit – auf Gott hin und auf den anderen hin. Man wird sensibler für die Anliegen und Nöte der Menschen, ja überhaupt für die Wirklichkeit des anderen. Man bekommt – um mit unserem Ordensgründer Benedikt zu sprechen – ein «weites Herz».

*I*nseln schaffen im Alltag:

Schweigen –
mich nur für diesen Augenblick
an einen ruhigen Ort zurückziehen
oder notfalls den Lärm ignorieren.

Die Augen schließen –
die Nachrichten und die Reklame
aus meinem Denken verbannen,
den Terminkalender vergessen,
das Handy und den Computer abschalten.

Loslassen – nur für einen Moment
das ständige Kreisen meiner Gedanken
um all die unerledigten Dinge einstellen
und die Lösung der Probleme
guten Gewissens aufschieben.

Die eigene Mitte suchen –
jener Stimme in mir nachspüren,
die ich im Chaos des Alltags
oft nicht mehr hören kann.

Neue Kraft schöpfen
aus der Ruhe.

9
Türen öffnen

Immer wieder erfahre ich auf meinen Reisen rund um den Globus eine umwerfende Gastfreundschaft, selbst dort, wo ich sie gar nicht erwarte. In Haiti etwa kamen mir einmal mitten in den Bergen die Bewohner eines ganzen Dorfes entgegen und begleiteten mich jubelnd und singend bis zu ihrer Kirche.

Sicher, als Abtprimas bin ich heute meist ein Ehrengast. Aber was mich in Indien oder China, Guatemala oder Sambia beeindruckt, sind keine formellen Höflichkeitsfloskeln, sondern die spontane echte Freude der Menschen, die sie gegenüber ihrem Gast ausdrücken.

Egal wie arm das Dorf oder Kloster ist, in das ich komme, stets werden zum Empfang alle Speisen aufgetischt, die man zu bieten hat. Alles wird liebevoll hergerichtet, man feiert und lässt den Gast spüren, wie sehr er willkommen ist.

Natürlich besuche ich auf den meisten Reisen benediktinische Klöster. Und unser Ordensgründer, der heilige Benedikt, hat uns in seiner Regel ans Herz gelegt, Gäste aufzunehmen, «wie Christus selbst».

Dass die Gastfreundschaft eines der obersten Gebote unserer Klöster ist, habe ich bereits als Student erfahren, als ich mit drei Mitbrüdern in Italien quer durch die Sabiner Berge von Subiaco nach Montecassino pilgerte. In den Konventen, in denen wir unterwegs einkehrten, fanden wir nicht nur ein sicheres Nachtquartier, sondern wurden auch mit köstlichem Essen und anderen Wohltaten überhäuft.

Damals habe ich begriffen, was Gastfreundschaft bedeutet. Und als ich später Erzabt von St. Ottilien wurde, ließ ich gleich unterhalb der Pforte unserer Abtei zwei Räume für Überraschungsgäste einrichten.

Denn gerade Deutschland ist keineswegs ein gastfreundliches Land. Wir sind auf einem hohen kulturellen Stand, aber wenn ich in jüngster Zeit an Entwicklungen wie Rechtsradikalismus und Ausländerfeindlichkeit denke, dann macht mir das große Sorge. Der Fremde wird misstrauisch beäugt. Man sieht in ihm vor allem eine Belastung, wenn nicht sogar eine Bedrohung. Und häufig bleiben ihm die Türen unserer Häuser verschlossen.

Ja, angesichts der Gastfreundschaft in anderen Ländern ist es für mich sogar oft beschämend, zu hören, wie Gäste aus diesen Ländern bei uns behandelt werden. Und ich spreche dabei nicht nur von Migranten oder Flüchtlingen, die extreme Not in unser Land treibt, sondern von vielen Menschen anderer Sprache oder Hautfarbe, die aus verschiedensten Gründen für kürzere oder längere Zeit nach Deutschland kommen. Ich kann uns allen nur die Erfahrung echter Gastfreundschaft wünschen.

Wir haben reich gedeckte Tische,
sie nur selbst gefangenen Fisch
aus einem trüben Fluss.
Wir haben mit Wein gefüllte Krüge,
sie nur ein Glas
selbst gebrannten Reisschnaps.
Wir haben neue Autos,
sie nur einen Esel.

Aber bei ihnen finde ich,
was mir hier so oft fehlt:
Lebensfreude und Wärme,
die Bereitschaft,
das wenige, was man hat,
zu teilen.

Wer von uns ist glücklicher?

10

Sich führen lassen

Im Nordosten Chinas, in der ehemaligen Mand-schurei, hatten wir Missionsbenediktiner bereits vor rund neunzig Jahren ein Kloster und Schulen aufgebaut. Doch als die Kommunisten dort in den 1950er Jahren die Herrschaft übernahmen, wurden alle unsere Mitbrüder inhaftiert und des Landes ver-wiesen. Etwas später hat die Kulturrevolution auch die meisten chinesischen Gemeinden ausgelöscht.

1985 bin ich dann als Erzabt von St. Ottilien zum ersten Mal mit einem Touristenvisum nach China gefahren. Ich wollte die Spuren von einst suchen. In der Bischofsstadt Yanji fand ich noch Reste unserer alten Klosteranlage und entdeckte sogar ein Privat-haus, in dem sich regelmäßig eine winzige Gemeinde von etwa vierzig Katholiken traf.

Diese Christen hatten sich einen sehr tiefen Glau-ben bewahrt und ihn wirklich gegen alle Verfolgung und Unterdrückung durchgetragen. Es war für sie ei-ne eindrucksvolle Erfahrung, dass wir europäische Be-nediktiner sie nicht vergessen hatten. Mit ihrer Hilfe gelang es uns sogar, den einzigen chinesischen Mitbruder unserer damaligen Abtei ausfindig zu machen. Wir wussten nicht, dass er überlebt hatte. Er hatte unter dem Druck der Kommunisten geheiratet, trotzdem wurde er während der Kulturrevolution interniert, konnte aber eines Nachts heimlich entkommen.

Und diesen Mann, der nun unweit von Yanji lebte, haben wir dann getroffen. Er war schwer krank und betete, wie er sagte, seit Jahren jeden Tag, dass der Erzabt von St. Ottilien kommen möge, um ihn von seinen Verfehlungen loszusprechen. Als wir ihn trafen, hat er dann auf Lateinisch gebeichtet und ich habe ihm den Zuspruch gegeben. Das war für uns alle wie ein Geschenk des Himmels.

Anschließend haben wir Benediktiner den Christen in der ganzen Region viel geholfen. Wir haben neue Kirchen gebaut, Klöster und Priesterseminare restauriert. Unser größtes Projekt war ein Krankenhaus in der Provinzstadt Meihekou, das wir als Gemeinschaftsunternehmen mit den örtlichen kommunistischen Behörden hochgezogen haben. Es ist heute ein 700-Betten-Krankenhaus, das im modernsten Stil arbeitet. Es war in meinen Augen eine Hilfe zur Selbsthilfe, denn in der dortigen Region stand kein solides Krankenhaus.

Aber das eigentliche Wunder ist für mich, dass heute die Kirche in ganz China wieder aufblüht. Natürlich gibt es noch mancherlei Probleme, aber wir brauchen hier einfach Geduld. Zum Schlüsselerlebnis wurde für mich die Begegnung mit einem chinesischen Bischof, der fünfundzwanzig Jahre Arbeitslager überstanden hatte. Er sagte: «Wenn wir Christen in China eines gelernt haben, dann das: Die Welt ist in Gottes Hand. Es gibt Zeiten, in denen meinen wir, Menschen hätten Macht über uns. Aber verglichen mit Gott ist diese Macht immer ärmlich. Er ist die Zukunft.»

Welche Macht
rief mich
ins Dasein?

Ganz auf sie
angewiesen
bin ich bereit,
zu nichts zu werden
– jeden Augenblick –

darauf vertrauend,
dass sie mich
neu erschafft.

II

Vorurteile überwinden

Letztes Jahr habe ich in der Adventszeit im Schau-
fenster eines römischen Geschäftes eine «schwarze» Krippe entdeckt: Maria, Josef und das Jesuskind
waren ganz aus dunklem Ebenholz geschnitzt, in typisch afrikanischem Stil. Früher wäre das in Rom un-
denkbar gewesen. Dabei lieben die Römer Krippen,
sie sind für eine römische Weihnachtsfeier mindestens ebenso wichtig wie nördlich der Alpen ein Weihnachtsbaum.

Als ich in den 1960er Jahren in Rom studierte,
trugen die römischen Krippenfiguren aber stets italienische Kostüme und die Heilige Familie hatte selbstverständlich eine helle Hautfarbe. Die Schönheit von
Krippen aus anderen Kontinenten wusste man damals kaum zu würdigen. Offenbar haben die Römer
dazugelernt.

Mich erinnert das an eine Entwicklung, die wir
Mönche in unseren afrikanischen Klöstern durchlau-
fen haben. Als Missionsbenediktiner von St. Ottilien
sind wir seit über hundert Jahren auf dem Schwarzen

Kontinent tätig. Doch lange Zeit hatten wir dort getrennte Klöster für Europäer und für Afrikaner.

Erst vor etwa dreißig Jahren wurde uns bewusst, dass es dem Geist Jesu viel mehr entspricht, wenn «weiße» und «schwarze» Mitbrüder zusammenleben, in demselben Kloster. Ich habe mich als Präses unserer Kongregation damals für diese Neuerung mit allem Nachdruck eingesetzt und musste dabei nicht wenig Widerstand seitens einiger europäischer Missionare überwinden.

Gewiss, jedes Volk hat seine eigene Mentalität. Europäer setzen auch in Klöstern andere Schwerpunkte als Afrikaner. Man muss sich täglich neu aufeinander einstellen. Ohne Reibereien und eine immer neue Selbstüberwindung auf beiden Seiten geht das nicht ab. Aber heute haben wir in Afrika diese gemischten Klöster und sehen in ihnen dankbar ein Stück gelebtes Evangelium.

Und noch etwas hat sich in unseren afrikanischen Klöstern geändert: die Farbe der Krippen. Natürlich hatten die europäischen Missionare einst ihre Krippen aus der Heimat mitgebracht. Alles andere war für sie unvorstellbar. Und es hat unsere Europäer größte Überwindung gekostet, auch hier umzudenken.

Heute sind schwarze Krippenfiguren in unseren afrikanischen Benediktinerkonventen das Selbstverständlichste von der Welt. Sie sind ein sichtbares Zeichen dafür, dass die Botschaft des Evangeliums in anderen Kulturen ebenfalls feste Wurzeln geschlagen hat. Und auch wir Europäer selbst sind angetan von der Innigkeit afrikanischer Krippen.

Die Farbe der Haut,
der Schnitt der Augen,
die Sprache
– alles an meinem Gegenüber
ist fremd.
Wir wechseln Worte,
unsicher, fast scheu.

Doch Satz für Satz,
ganz langsam,
öffnet sich
hinter der Fassade
der Mensch:
seine Ängste und Sorgen,
seine Hoffnung, seine Sehnsucht.

Ganz langsam
wird der Unbekannte
zum Spiegel
meiner selbst.

12

Zu sich kommen

Als Abt habe ich in unserem Kloster schon viele Gläubige anderer Religionen empfangen. Besonders ist mir die Begegnung mit buddhistischen Mönchen aus Japan in Erinnerung. Sie kamen 1979 zum ersten Mal zu uns, um nach ihren eigenen Aussagen, jene Religion kennenzulernen, die Europa groß gemacht hatte: das Christentum. Sie haben dann bei uns in St. Ottilien einige Zeit im Kloster mitgelebt. Und daraus hat sich eine Freundschaft von Besuch und Gegenbesuch entwickelt, die bis heute besteht.

Ich war anschließend auch für einige Wochen in einem japanischen Zen-Kloster. Und ich kann nur sagen, der dortige Roshi, der geistliche Meister und Verantwortliche, hat mir absoluten Respekt abgenötigt. Er war meines Erachtens ethisch so hochstehend, wie ich es mir in christlichen Kreisen manchmal durchaus wünschen würde. Er wusste um seine Verantwortung für andere Menschen als Abt seines Klosters, aber auch um die Verantwortung für sein eigenes Leben, für ein ethisch aufrichtiges Leben. Die Begegnung mit ihm hat mich an das Wort Jesu erinnert: Wahrlich, einen solchen Glauben habe ich in meinem Volk nicht gefunden.

Natürlich gibt es viele Unterschiede zwischen dem Buddhismus und dem Christentum, aber trotzdem haben wir christliche Mönche uns in den japanischen Klöstern recht schnell eingelebt. Rücksicht und Disziplin, das Einhalten gewisser Regeln, damit ein Leben in Gemeinschaft glückt, all das war uns sehr vertraut.

Vor allem aber war es die Stille des Klosters, in der ich mich sofort zu Hause fühlte. Man redete nicht unnötig und nahm sich viel Zeit für die Meditation. Ich hatte die Zen-Meditation bereits in den 1970er Jahren im buddhistischen Zentrum in Rom kennen und schätzen gelernt. Für die Buddhisten ist dieses Sitzen in Stille und Konzentration ein Weg, um innerlich «leer» zu werden, sich von weltlichen Wünschen und Anhaftungen zu befreien.

Als Christ machte ich während der Meditation jedoch noch eine ganz andere Erfahrung: Je ruhiger und «leerer» ich wurde, desto mehr hatte ich den Eindruck: Christus füllt mich aus!

Es ist wie beim Gebet. Ich reiße mich los von mir selbst und allem, was mich umtreibt, und richte mich aus auf Gott.

Wir neigen heute dazu, in einer gewissen Geschäftigkeit und Umtriebigkeit aufzugehen. Und wir verlieren uns dabei nur allzu leicht – als Einzelne und als Gesellschaft. Ich brauche diese Momente der Besinnung, in denen ich wieder zu mir finde, und ich wünsche sie auch jedem anderen.

Lärm beengt,
Schweigen befreit.
Je stiller es
in dir wird,
desto näher kommst du
dem Geheimnis.

Wo die Sprache verstummt,
beginnt das Hören:
auf jenes Wort,
das aus der Ewigkeit heraus
gesprochen wird
– seit Anbeginn der Welt.

13
Achtsam werden

Vor einiger Zeit besuchte ich einen Mitbruder am Krankenbett. Ich kannte ihn nur oberflächlich, hatte ihn bisher als verschlossenen Menschen empfunden. Es war fast so etwas wie ein Höflichkeitsbesuch. Doch als ich bereits wieder gehen wollte, bat er mich überraschenderweise, noch etwas zu bleiben.

In dem nun folgenden Gespräch vertraute er mir all seine Ängste und Selbstzweifel an, von denen ich bisher nichts geahnt hatte. Ich hörte ihm über eine Stunde geduldig zu und hoffe, ich konnte ihm damit ein wenig helfen.

Ich dachte daran, dass Mutter Teresa einmal gesagt hatte: Die medizinische Versorgung sei wichtig, viel wichtiger aber sei, sich Zeit für Kranke zu nehmen, bei ihnen zu sein, damit sie in ihrer Not nicht alleine sind.

Wer erlebt, dass andere seine Sorgen teilen, kann sein Leid besser ertragen. Die Welt wird für ihn menschlicher, wärmer. Ja, ich glaube, wir können durch unser schlichtes «Da-Sein» oft sogar sehr viel Gutes bewirken und unserem menschlichen Zusammenleben eine neue Qualität geben.

Das Erstaunlichste bei dem erwähnten Krankenbesuch war für mich allerdings meine eigene Reaktion. Je mehr ich meinem Mitbruder zuhörte, je mehr mich darauf einließ, die Welt mit seinen Augen zu sehen, desto mehr Mitgefühl empfand ich. Plötzlich hatte ich Verständnis für einen Menschen, den ich bisher kaum kannte. Die neu gewonnene Beziehung war für mich selbst die größte Bereicherung.

Auf Reisen erfahre ich oft Ähnliches: Immer, wenn es mir gelingt, die Welt mit den Augen des anderen zu sehen, weitet sich mein eigener Horizont. Konflikte kommen dann gar nicht erst auf. Negative Emotionen bleiben aus. Und meistens wird die Sympathie, die wir einem anderen schenken, auch erwidert. Was wir geben, bekommen wir zurück.

Da war die Putzfrau, die mich mit ihrem lauten Staubsauger bei der Arbeit störte, oder der chinesische Parteifunktionär, der mich mit seinem Misstrauen ärgerte, oder der aufdringliche Bettler, der mich nicht in Ruhe lassen wollte. Und jedes Mal habe ich bemerkt: Wenn mir der Perspektivenwechsel gelang, wenn ich sozusagen in die Haut des anderen schlüpfen und sein Verhalten nachvollziehen konnte, war mein eigener Unwille wie weggeblasen. Die Welt wurde heller.

*D*u kannst
die Dunkelheit
nicht abschaffen,
sinnlose Kriege
nicht verhindern
und den Hunger
ganzer Völker
nicht stillen.

Aber jeder von uns kann
die Augen eines Kindes
zum Leuchten bringen,
dem Blick des Fremden
ein Lächeln entlocken
und den Lippen des Kranken
ein «Danke».

14
Leben spüren

Auf dem Petersplatz in Rom wird an Weihnachten alljährlich eine Krippe mit lebensgroßen Figuren aufgebaut. Viele kennen sie aus Fernsehübertragungen. An den Feiertagen kommen oft Hirten aus den Abruzzen zu dieser Krippe, um auf ihren Dudelsäcken alte italienische Weihnachtslieder zu spielen. Der etwas raue archaische Klang dieser einfachen Instrumente verbreitet dann eine ganz besondere Atmosphäre.

Weihnachten und Musik gehören einfach zusammen. Schon in der Weihnachtserzählung des Lukasevangeliums liest man, wie sich der Himmel auftut und die Engel mit ihrem Gesang interpretieren, was in der Heiligen Nacht geschieht: Mitten in der Not können wir die Gegenwart Gottes erblicken. Seine Liebe öffnet der Welt die Zukunft.

Vor über dreißig Jahren, als ich von meinen Mitbrüdern zum Erzabt von St. Ottilien gewählt wurde, habe ich mir gemäß alter Tradition einen Wahlspruch ausgesucht: «Jubilate Deo» – lobt Gott, ja, singt Gott den

Lobpreis! Die Worte stammen aus einem wunderschönen gregorianischen Gesang: «Lobpreist Gott alle Lande, alle Welt juble ihm zu!» Diese Aufforderung gilt allen Menschen.

Musik kann unsere Freude und Dankbarkeit in einer Weise ausdrücken, die Leib und Seele umfasst. Ich selbst erlebe immer wieder, wie zehn Minuten Mozart auf der Querflöte mein Herz erheitern, wenn ich niedergeschlagen bin, oder mir im Stress helfen, Ruhe zu finden. Natürlich kann es auch guttun, sich in der Rock-Musik mit einem festen Rhythmus einmal den Frust von der Seele zu stampfen. Musik ist eine wirkungsvolle Psychomedizin. Wir sollten ihre heilsame Kraft nicht unterschätzen.

Einst haben in Europa große Komponisten wunderbare Weihnachtsmusik geschrieben. Letztes Jahr wurde ich gebeten, bei einer Weihnachtsfeier auf der Querflöte eine Bach-Kantate zu spielen. Sie erzählt von Gottes Gnade, die unsere Sehnsucht nach Frieden nicht ins Leere laufen lässt, in die Absurdität, sondern beantwortet. Solche Musik lässt etwas von der Gegenwart Gottes ahnen.

Den Himmel spüren,
die Erde fühlen,
um mich nichts
als Licht und Weite.

Ausgespannt
zwischen den Welten,
gehalten
und frei!

In mir die Ahnung
von einer Wahrheit,
die keine Worte kennt,
eins mit dem Unendlichen,
eins mit dem Grund,
der mich trägt.

15

Hoffnung schenken

Zu Weihnachten hat mir Prior Boniface aus unserem Kloster in Togo geschrieben, einem afrikanischen Land, das in letzter Zeit öfter an der Grenze des Bürgerkriegs stand. Die Armut ist dort ebenso groß wie die politischen Spannungen.

«Jugendliche in den entwickelten Ländern», lese ich, «können sich überhaupt keine Vorstellung davon machen, was Kinder in unseren Ländern durchmachen. Während Kinder in reichen Ländern sich langweilen, suchen bei uns die Kinder verzweifelt nach einer Möglichkeit zu lernen oder gar zur Schule zu gehen. Während bei euch die Kinder vom Essen nur das Beste bekommen, betteln sie bei uns um ein Stück Brot, um zu überleben. Während Kinder in Europa sich über Mode oder andere wertlose Dinge sorgen, sind bei uns die Kinder froh um ein Dach über dem Kopf.

Weihnachten ist in unserem Kloster in Togo, wenn wir einem armen Kind eine Ausbildung vermitteln können. Weihnachten ist, wenn wir für Kinder beten, die unter miserablen, unmenschlichen Bedingungen leben. Weihnachten ist, wenn Kinder aus unterschiedlichen Schichten zusammenkommen und miteinander spielen. Ja, Weihnachten ist, wenn wir einem Kind die Tränen aus den Augen wischen. Wie könnten wir das Christkind in der Krippe feiern, ohne uns klar zu machen, dass Millionen Kindern in aller Welt das Nötigste zum Leben fehlt?»

Unsere Mitbrüder in Togo tun das ihre. Einer unserer Benediktiner in Südafrika hat ein Heim für Aids-Waisen aufgebaut, in dem Kinder, deren Eltern an dem Virus gestorben sind, eine Zukunft bekommen. Unsere Mitschwestern in Uganda betreuen Waisen, die durch den Bürgerkrieg allein geblieben sind. Sie alle setzen kleine Lichter der Hoffnung. Sie haben den Auftrag verstanden, den uns das Kind in der Krippe gibt, das im Schmutz eines Viehstalles geboren wurde und später sein Leben für alle einsetzte, die schwach und hilflos waren.

Kakande ist acht Jahre alt.
Wie er in den Slum
von Ugandas Hauptstadt Kampala kam?
Er weiß es nicht mehr.
Es hatte mit Feuer und Bomben zu tun.
Der Bürgerkrieg?
Er zuckt mit den Schultern.
Seine Eltern?
Kakanda wischt eine Träne aus dem Augenwinkel.
Wo er schläft?
In einer Wellblechhütte, auf dem Boden,
mit einem Dutzend anderer Kinder.
Was er isst?
Früchte, sagt er, manchmal auch Abfälle.
Demnächst wird Kakande
auf eine Missionsschule gehen.
Paten-Eltern aus Europa finanzieren den Besuch.
Seine Augen leuchten:
Sobald er einen Beruf erlernt habe,
erklärt er, werde er Essen kaufen,
– auch für seine Freunde.

16

Die Angst überwinden

Auf den Philippinen besuchte ich einige unserer benediktinischen Ordensfrauen und staunte nicht wenig, als ich erfuhr, dass ein junger Chinese mit seiner Frau und seinen fünf Kindern bei ihnen wohnte. Was war geschehen?

Der Mann hatte in einem Korruptionsskandal gegen einige Erpresser ausgesagt. Nun wollten sich die Hintermänner an ihm rächen. Sein Leben und das seiner Kinder waren bedroht. In dieser Situation boten die Schwestern der ganzen Familie an, bei ihnen im Kloster zu wohnen. Wann immer der Mann nun vor Gericht musste, begleiteten ihn die Ordensfrauen, wohl wissend, dass sie damit ihr eigenes Leben aufs Spiel setzten.

Ich konnte den Mut dieser Schwestern nur bewundern und musste an eine Szene aus den 1980er Jahren denken: Als das philippinische Volk damals gegen Präsident Marcos protestierte, fuhren Panzer auf. Alles schien in einem Blutbad zu enden. Doch in diesem Moment kletterten Ordensfrauen mutig auf die

Panzer und begannen, dort den Rosenkranz zu beten. Kein Schuss fiel.

Solchen Mut kann nur derjenige aufbringen, der weiß, dass sein Leben in Gottes Hand liegt. Sein Geist befreit uns von der Angst um unser Leben. Er gibt Menschen wie diesen Ordensfrauen die Kraft, sich nicht einschüchtern zu lassen und selbst Todesdrohungen gelassen entgegenzusehen. Solche Furchtlosigkeit schenkt die Freiheit, Unrecht beim Namen zu nennen. Die ersten Christen kannten diese Freiheit. Sie standen zu ihrer Glaubensüberzeugung, ungeachtet der Tatsache, dass sie dafür verfolgt, misshandelt oder sogar getötet würden. Es ist eine Freiheit, die den Tod nicht mehr fürchtet, weil sie sich eins mit Christus weiß.

In Deutschland ist der Glaube bequem geworden. Das Einzige, was er uns noch kosten kann, ist die Kirchensteuer. Und selbst das ist manchen zu viel. Von dem Gespür für die befreiende Kraft unseres Glaubens ist in der Regel nichts geblieben. «Fürchtet euch nicht», lautet der erste Satz, den die Hirten in der Heiligen Nacht von den Engeln hören. Eine Welt, die gekennzeichnet ist von Krieg und Folter, Gewalt und Lüge, all diesen Ausprägungen menschlicher Sünde, erfährt in dieser Nacht eine Neugeburt. Das Elend verschwindet nicht, aber wir wissen uns seither in unserem Einsatz gegen das Elend eins mit Gott.

*I*n dir liegt die Kraft,
die alles trägt,
die um den Ursprung
allen Lebens weiß
und die in allem
gegenwärtig wirkt.

Je mehr du
diese Mitte spürst,
desto gewisser
wirst du ganz du selbst.
Denn Gott und diese Mitte
sind von Ewigkeit her eins.

17
Wege weisen

Vor einiger Zeit war ich in Chile anlässlich eines internationalen Schulkongresses. 170 Direktoren und Direktorinnen benediktinischer Schulen aus 23 Ländern trafen sich dort. Es war ein buntes Bild und ein faszinierender Erfahrungsaustausch.

Wir Benediktiner leiten Schulen in aller Welt. In Entwicklungsländern ermöglichen sie armen Kindern eine Ausbildung, die für sie sonst oft unerreichbar wäre. In Kolumbien etwa verwenden unsere Mitbrüder das Schulgeld einer Elite-Schule, um Stipendien für mittellose Schüler zu finanzieren.

In Afrika, Asien oder Südamerika sind unsere Schulen zudem Orte des Dialogs, an denen sich Jugendliche verschiedenster Kulturen und Religionen begegnen. Es ist ein Dialog des Lebens, der in die Gesellschaft hineinwirkt. Denn wenn junge Menschen zusammen aufwachsen, haben Vorurteile bei ihnen keine Chance. Was unsere Schulen leisten, ist Friedenserziehung im besten Sinn des Wortes.

Wahrscheinlich gibt es gar nicht sehr viele spezifisch christliche Werte, die wir vermitteln. Ich würde vielmehr sagen, das eigentlich Christliche ist dabei die Art der Verpflichtung und des Umgangs miteinander. Wenn man in einem anderen Menschen die Gegenwart Gottes beziehungsweise Jesu sieht, dann erwächst daraus eine besondere Verantwortung.

Manche Politiker und Wirtschaftsleute, die sich später für das Wohl ihres Volkes eingesetzt haben, waren einst unsere Schüler. Der frühere Ministerpräsident Tansanias, den ich selbst kenne, gehört zu diesen Persönlichkeiten. Er hat in seiner Heimat die Korruption aus religiöser Überzeugung bekämpft.

Bei einer Jubiläumsveranstaltung habe ich auch einmal eine beeindruckende Rede von einer tansanischen Ministerin gehört, in der sie ihre Zuhörer aufforderte, soziale Verantwortung zu übernehmen. Sie sei in einer Schule der Missionsbenediktinerinnen aufgewachsen, erklärte sie mir anschließend, dort habe sie Respekt vor der Würde des Menschen gelernt.

Jugendliche wollen Dinge nicht nur intellektuell begreifen, sondern sie praktisch erfahren. Sie brauchen Vorbilder, die ethische Werte nicht nur lehren, sondern auch verkörpern. Und wenn sie das Glück haben, an Missionsschulen Frauen und Männer zu erleben, die Christus wirklich ernst nehmen, die alles aufgegeben haben, um ihr Leben ganz für andere Menschen einzusetzen, dann kann das für sie ein Beispiel sein, das prägt.

Nicht ich bin der Weg,
aber ich kann
Menschen helfen,
ihren Weg zu finden.

Nicht ich bin das Leben,
aber ich kann
anderen Türen
zum Leben öffnen.

Nicht ich bin die Hoffnung,
aber ich kann
anderen helfen,
Hoffnung zu schöpfen.

Nicht ich bin die Wahrheit,
aber es ist mir gegeben,
zu einem Spiegel
der Wahrheit zu werden.

18

Ruhe atmen

In Afghanistan, mitten im Einsatzgebiet deutscher Soldaten, wurde unlängst ein ökumenischer Gebetsraum eingeweiht. Er trägt symbolhaft den Namen «Haus Benedikt». Denn unser Ordensgründer gab seinen Klöstern den Auftrag, Orte des Friedens zu sein. Und über 1500 Jahre Erfahrung in aller Welt haben gezeigt: Die Regel, die Benedikt hinterließ, ist eine Basis, auf der Menschen unterschiedlichster Herkunft friedlich zusammenleben können.

Über 25 000 Ordensleute befolgen diese Regel heute rund um den Globus. Und ich selbst erfahre unsere Klöster auf meinen Reisen immer wieder als Inseln des Friedens. Inmitten der blutigen Bürgerkriege Afrikas, dem Elend südamerikanischer Slums oder den kommunistischen Diktaturen Asiens steht über ihrem Eingang: «Pax» – «Frieden».

Krieg, Gewalt und Unterdrückung sind Ausdruck menschlichen Machtwillens, des Versuchs, die eigene Position um jeden Preis durchzusetzen. Die Bibel spricht hier von Sünde. Der spirituelle Ansatz Benedikts steht dem radikal entgegen: Nicht ich gebe mir den Maßstab, nein, ich lasse mir den Maßstab von Gott geben. Er ist der Urgrund der Welt und meiner selbst. Er weiß, was mir guttut, nicht ich.

Das «Hören» auf Gott, nicht auf die eigenen egoistischen Wünsche, ist deshalb das Zentrum der Regel Benedikts. Wo Menschen sich täglich darauf einlassen, finden sie eine Basis für ein friedliches Miteinander.

Nicht zuletzt deshalb sind unsere Klöster und Kirchen stets Orte der Stille. Das gilt für eine kleine romanische Dorfkirche ebenso wie für eine imposante gotische Kathedrale oder eine schlichte moderne Kirche. Sie alle wollen uns herausholen aus unserer Egozentrik und dem Starren auf die vordergründigen Dinge des Alltags. Kirchen sind Orte der Zuflucht – in Kriegszeiten für Verfolgte und im Alltag für jene, die dem Chaos entfliehen wollen.

Je tiefer wir die soziale und politische Wirklichkeit erfahren, desto mehr wächst in uns die Sehnsucht nach der Überwindung menschlicher Begrenztheit, nach Frieden, Glück und jenen Werten, die in Jesus erfahrbar geworden sind. Er brachte alle menschliche Scheinwirklichkeit ins Wanken und hat den Glaubenden aufgetragen, eine neue Wirklichkeit glaubhaft zu leben. Ich sitze deshalb gerne in Kirchen und lasse mich ein auf ihr Geheimnis, das jeden menschlichen Größenwahn in seine Schranken verweist.

Ahne die Macht,
die dich trägt:

eine Gewalt,
die sich selber
Grenzen setzt,
die Luft schenkt
zum Atmen,

eine Kraft,
die Halt gibt,
die schützt
und bewahrt,

eine Macht,
die nicht erdrückt,
sondern Raum schafft,
damit Leben
sich entfalten kann.

19

Frei werden

Schwester Bertwina ist heute über neunzig Jahre
alt und die einzige Deutsche in einem südkorea-
nischen Kloster. Bei unserer ersten Begegnung erzählt
sie mir munter, wie sie einst als junge Ordensfrau in
Nordkorea arbeitete und dort in den 1950er Jahren
von den Kommunisten inhaftiert wurde. Fast fünf
Jahre hat sie zuerst im Gefängnis und dann in Gefangenenlagern zugebracht. Einige ihrer Gefährtinnen
starben in dieser Zeit an Hunger, Kälte und Miss-
handlungen. Doch sie überlebte. Und bald nachdem
sie freikam, baute sie mit anderen Schwestern in Süd-
korea ein neues Ordenshaus auf.

Ich frage sie, ob sie ihren Peinigern vergeben könne? Sie nickt. «O ja, das habe ich schon vor langer
Zeit getan.» Dadurch sei sie von ihrer eigenen Wut
befreit worden und habe wieder anfangen können,
auf die Zukunft zu schauen. Das Gebet Jesu am
Kreuz sei ihr Vorbild gewesen: «Vater vergib ihnen,
denn sie wissen nicht, was sie tun.» Schließlich hätten manche ihrer Peiniger auch menschliche Züge

gezeigt, fügt sie hinzu. Und wieder andere seien ja nur gezwungen worden, sich so brutal zu verhalten.

Wer die unbeschwerte und offene Art von Schwester Bertwina heute erlebt, möchte es kaum für möglich halten, dass diese Frau so viel durchgemacht hat. Menschen wie sie kennenzulernen, ist für mich immer wieder eine unvergleichliche Bereicherung. Offenbar hat sie ganz tief verstanden, was Jesus meinte, als er uns lehrte, unsere Feinde zu lieben. Es geht dabei nicht um irgendwelche Emotionen, sondern darum, den anderen als Mensch zu achten, auch dann, wenn uns das zunächst völlig unmöglich scheint.

Stets aufs Neue waren die Jünger Jesu fasziniert von der vorbehaltlosen Liebe, mit der er auf andere zuging. Und jeder spürte damals: Das ist etwas völlig Neues. Das ist nicht der Gott, der kleinlich unsere Fehler zählt, um uns als Richter zu strafen. Hier begegnet uns die Kraft einer Liebe, die im wahren Sinn des Wortes stärker ist als Hass und Versagen, Lüge und Tod.

Vergeben ist
das Gegenteil
von vergessen.
Wer vergibt, sagt nicht:
Es ist nichts geschehen.
Doch die Vergebung
erlöst von dem Schmerz,
der die eigene Seele
gefangen hält.
Vergebung schenkt
Würde zurück.

Vergeben bedeutet:
die Verletzungen
der Vergangenheit
loslassen
und frei werden
für die Zukunft.

20

Das Geheimnis ahnen

Am Weihnachtsabend haben wir Benediktiner hier in Rom in der Abtei von Sant'Anselmo nach dem gemeinsamen Abendessen immer etwa zwei Stunden Zeit. Danach beginnt um 22.30 Uhr die Vigil, das Gebet der Nachtwache, gefolgt von der Mitternachtsmesse. In dieser Zeit geht jeder von uns ruhig auf sein Zimmer und meditiert dort auf seine Weise über das Weihnachtsgeheimnis.

Als Student fand ich das früher befremdlich, hatten wir doch zu Hause bei meinen Eltern den Weihnachtsabend stets gemeinsam verbracht, mit Gesprächen und Spielen. Und nun dieses Alleinsein, dieses Schweigen.

Doch im Lauf der Jahre sind mir diese zwei Stunden zu den kostbarsten des ganzen Jahres geworden. Zwei Stunden allein mit Gott, in denen nichts wichtiger ist, als sich in sein Geheimnis zu vertiefen. Ich bete. Und wenn ich bete, komme ich zur Ruhe. Wenn ich mich auf Gott ausrichte und alles andere hinter mir lasse, dann komme ich zu mir. Dann finde ich mich selbst. Und dabei finde ich auch wieder Kraft für andere.

In der Zeit des Alleinseins am Weihnachtsabend kann ich der unfassbaren Liebe nachspüren, mit der Gott sich der Welt schenkt. Diese Liebe schafft Leben. Sie ist unser Lebensziel.

Sie ist in Jesus unter uns angekommen, und sie will sich mitten unter den Menschen entfalten, wie der gute Same mitten im Unkraut.

Gottes Frieden ist nicht das Ergebnis menschlichen Handelns, aber auch nicht einfach das Eingreifen eines «deus ex machina» von oben her. Wir denken heute vielfach zu dualistisch: Hier handeln wir, dort Gott, hier ist das Reich des Menschen, dort das Reich Gottes. Aber seine Gegenwart in dieser Welt ist ein Geheimnis.

Sein Reich ist dort, wo er unter uns Menschen lebendig ist. Das gilt auch in unserer Zeit. Dieses Reich ist unfertig. Und es setzt auf unsere menschliche Mitwirkung, auf unser Tun. Wenn wir uns in dieses Geheimnis einklinken, dann kommt Gott in unserem Leben an – an Weihnachten und jeden Tag.

Werden, was du
vom Ursprung her bist,
tief in dir,
dort, wo alle
Äußerlichkeit
sich auflöst:
eins mit
dem Unendlichen.

Jenseits der Fragen,
im Schweigen,
die Gewissheit:
Gott lebt in dir
und du in ihm.

21
Verantwortung spüren

Eine junge Frau hat entbunden – nicht in einem Stall in Betlehem, sondern im Katholischen Krankenhaus der nordkoreanischen Hafenstadt Rason. Dankbar schließt die junge Mutter ihren neugeborenen Sohn in die Arme. Als der Arzt unsere benediktinische Delegation an ihr Bett führt, blickt sie scheu lächelnd auf. «Es war eine komplizierte Geburt, ein Kaiserschnitt», erläutert der Mediziner. «Ohne das Krankenhaus hätten Mutter und Kind nicht überlebt.»

Wir Missionsbenediktiner waren bereits vor hundert Jahren in Korea tätig. Damals haben wir das Volk lieben gelernt. Doch in den 1950er Jahren wurden nach der Machtübernahme der Kommunisten alle unsere Missionare inhaftiert, zum Teil getötet oder des Landes verwiesen. Heute gibt es in Nordkorea nur noch sehr wenige Christen, die vom Staat strengstens kontrolliert werden.

Wie jeder aus der Zeitung weiß, ist die Not im ganzen Land bittergroß. Es mangelt nicht nur an Nahrungsmitteln, sondern auch an medizinischer Versorgung. Ich selbst war schon mehrfach in Nordkorea. Wenn ich an den Hunger und die Unterdrückung denke, kocht mir die Wut im Bauch. Aber ich weiß, dass ich mit Protest nichts erreiche. Die hausgemachte Not etwas zu lindern verbleibt als einzige Möglichkeit. Denn wir fühlen uns dem Volk bis heute verbunden.

Die Verhandlungen mit den nordkoreanischen Politikern waren immer äußerst zäh, aber vor einigen Jahren erhielten wir Benediktiner dann die Erlaubnis, im Norden des Landes, in Rason, ein Krankenhaus zu bauen. «Warum setzt du dich für ein solches Land ein?», wurde ich in Deutschland damals oft vorwurfsvoll gefragt. «Menschen in solchen Regimen», lautete meine Antwort, «brauchen unsere Hilfe am dringendsten.»

2005 konnten wir dann unser 100-Betten-Krankenhaus einweihen. Es trägt den Namen «International Catholic Hospital» – «Internationales Katholisches Krankenhaus». Da es heillos überfüllt ist, habe ich bei meinem letzten Besuch auf Bitten der Verantwortlichen der Stadt Rason den Vertrag für eine Erweiterung der Klinik durch eine Ambulanz unterschrieben. Sie ist inzwischen bereits im Bau.

Zum Abschluss des Tages hat uns dann der Bürgermeister zum Abendessen eingeladen. Und ich habe mich sehr gefreut, als er uns bei Tisch aufforderte zu beten und anschließend erklärte: «Sie glauben gar nicht, wie sehr wir es zu schätzen wissen, dass gerade jetzt, da alle Welt gegen uns ist, Sie als Christen kommen und den Menschen hier helfen.»

*D*ie Augen
des neugeborenen Kindes
blicken uns fragend an,
verletzlich,
ganz angewiesen
auf die Kraft der Liebe.

Sie fragen,
ob es eine Zukunft gibt,
zwischen Hunger und Elend
Machtstreben und Egoismus,
Gewalt und Krieg?
Sie wollen wissen,
ob es lohnt,
in diese Welt zu kommen?

Die Augen des Kindes
haben nichts zu bieten
als das Wunder des Lebens
Es ist, als sähe
Gott selbst uns an.

22

Zum Segen werden

In Mittelamerika, in Guatemala, habe ich vor einiger Zeit eine benediktinische Gemeinschaft besucht, zu der fast ausschließlich Mayas gehörten. Sie nahmen mich sehr herzlich auf. Ich verbrachte einen ganzen Tag mit ihnen. Wir sprachen, aßen und beteten zusammen. Ich lernte dabei viel über ihre Mentalität, erfuhr, wie sehr sie unter der weißen Oberschicht ihres Landes gelitten hatten und welche Bedeutung für sie der Glaube hatte.

Zum Abschied versammelten wir uns im Innenhof ihres einfachen Klosters um ein Feuer. Und dann geschah etwas, das mich tief berührte: Einer nach dem anderen kam mit einer Kerze in der Hand auf mich zu und bat um meinen Segen. Ich spürte, wie wichtig ihnen diese kleine Zeremonie war, und ich war glücklich, ihnen für ihre Gastfreundschaft mit diesem Segen danken zu können.

Immer wieder habe ich erleben dürfen, dass Menschen in den Entwicklungsländern ein sehr feines Gespür für den Wert eines Segens haben. Vor vielen Jahren etwa konnte ich in einem kleinen Bergdorf im Norden Chinas Ähnliches erleben. Das ganze Dorf, rund 2000 Leute, hatte – einer nach dem anderen – zum Abschied denselben Wunsch: einen persönlichen Segen. Und die Dankbarkeit war ihnen anzuspüren.

Die größte Überraschung erlebte ich diesbezüglich einmal in Indien beim Besuch eines Marienheiligtums in den Bergen. Etwas erschöpft trennte ich mich damals in der Kirche von unserer Gruppe und suchte in der Nähe des Altares ein wenig Ruhe zum Beten. Plötzlich kam ein Inder auf mich zu und bat um meinen Segen. Ich wusste nicht, wer er war oder welcher Religion er angehörte, kam aber der Bitte nach. Kurz darauf war ich umringt von Männern, Frauen und Kindern, die alle das Gleiche erbaten.

Ich habe keine Ahnung, was diese Menschen zu mir führte, denn ich war äußerlich nicht als Geistlicher zu erkennen. Sie konnten nicht einmal wissen, dass ich Christ war, aber das spielte für sie auch ganz offenkundig keine Rolle. Jedenfalls fühlte ich, dass ihr Anliegen ernsthaft war. Später habe ich über diese Ereignisse noch oft nachgedacht. Während wir in Deutschland argumentieren und diskutieren, nach logischen Erklärungen für religiöse Phänomene suchen oder uns über Lehrsätze streiten, geht es in anderen Kulturen viel stärker um die Hingabe an Gott, um die Erfahrung von Nähe und Zuspruch.

*F*rieden
wird erst sein,
wenn Gott
im Herzen
der Menschen
geboren wird;

wenn seine Liebe
durch dich
hindurchscheint,
wenn du selbst
zur Liebe wirst,
die Hoffnung gibt.

23

Gaben teilen

Eine italienische Zeitungsmeldung ließ mich letztes Jahr an Weihnachten in Rom aufhorchen: Im Dom der sizilianischen Hafenstadt Agrigent fehlten in der Heiligen Nacht in der Krippe die drei Könige. Vielleicht muss man Sizilianer sein, um das Ausmaß des Entsetzens zu ahnen, das die Besucher des Gottesdienstes ergriff. Das gab es noch nie! Was war geschehen? Diebstahl? Vandalismus?

Plötzlich entdeckt man dort, wo bisher die drei Könige mit ihrem prachtvollen Gefolge, Pferden, Elefanten und Kamelen standen, ein Schild: «Wir bedauern: Die Weisen aus dem Morgenland werden dieses Jahr nicht kommen. Sie haben kein Visum erhalten.»

Der pfiffige Dompfarrer von Agrigent wollte mit der Aktion auf das Elend der Migranten aufmerksam machen: Tausende von Flüchtlingen ertrinken jedes Jahr im Mittelmeer, weil ihnen Europas Küsten verschlossen sind. Andere werden illegal ins Land geschleust und leben dort wie Sklaven.

Der Pfarrer weiß, dass er sich mit seiner Idee weder bei der Mafia, die von den illegalen Arbeitern profitiert, noch bei den Behörden beliebt macht. Aber Weihnachten, meint er, sei der richtige Moment, um die Augen zu öffnen.

Die drei Weisen oder «Magier», wie sie in Italien auch genannt werden, haben für mich einen tiefen Symbolcharakter. Sie folgen einem Stern, quer durch den Orient, nur um jenen neugeborenen König zu finden, der später sagen wird: «Die Herrscher unterdrücken ihre Völker und die Mächtigen missbrauchen ihre Macht über die Menschen. Bei euch aber soll es nicht so sein.» Dieses Wort hat sich in meinem Kopf eingegraben und kommt mir immer wieder zu Bewusstsein, wenn ich das Machtgehabe von Menschen sehe. Bis heute scheuen Politiker nicht davor zurück, Gesundheit und Leben ganzer Völker zu opfern, nur um ihren Einfluss zu erhalten.

Ich mag diese «drei Könige». Sie fallen nieder vor dem armen Kind und huldigen ihm. Sie sind Suchende und finden einen anderen König, als wir uns ihn vorstellen: den dienenden Gott.

Künstler aller Epochen haben sie gemalt, diese drei Könige, wie sie vor dem Kindlein niederknien, ja ihm sogar zärtlich die Füße küssen. Kaum vorstellbar. Ist das nicht weit unter der Würde eines einflussreichen Mannes?

Nein. Genau das ist der nie endende Traum von Weihnachten: dass die Mächtigen der Welt ihre Kräfte in den Dienst der Armen und Schwachen stellen. Dass die Wirtschaftskrisen, Klimakatastrophen und Machtkonflikte nicht mehr auf dem Rücken derer ausgetragen werden, die schon seit Jahrzehnten oder Jahrhunderten hilflos ausgebeutet werden. Dass die Verantwortlichen in Wirtschaft und Politik erkennen, wo ihr eigenes Leben und ihre eigene Zukunft liegen: in einem neugeborenen Kind.

Wir leben auf einer Insel
des Wohlstands und des Friedens.
Selbstverständlich:
die warme Mahlzeit,
garantiert:
die Schulbildung,
obligat:
der Fernseher am Feierabend.

Nur die Medien
bringen sie
in unser Wohnzimmer:
die Opfer der Erdbeben
und der Kriege,
die Not der Slums,
die Angst vor
der Diktatur.

Wir können das Elend
nicht beseitigen,
aber wir können eines tun:
die Gaben,
die uns anvertraut sind,
weitergeben.

24
Staunen

In der internationalen Benediktiner-Hochschule von Sant'Anselmo, wo ich lebe, steht an Weihnachten nur eines im Vordergrund: das Wunder, dass Gott zu uns gefunden hat. Dabei verzichten wir nicht auf einen schlichten, aber festlichen Rahmen. In unserem Speisesaal schmücken wir am 24. Dezember einen Weihnachtsbaum. Darunter liegt ein großes, aus Holz geschnitztes, italienisches Christkind.

In unserer Kirche steht eine Krippe aus Mexiko. Denn wir Benediktiner sind heute auf allen fünf Kontinenten zu Hause. Unsere Professoren und Studenten in Sant'Anselmo kommen aus aller Welt. Und es macht mir immer wieder Freude, diese bunt zusammengewürfelte Gemeinschaft zu erleben. Schön ist auch der Brauch, dass am Weihnachtsabend während des gemeinsamen Essens Mitbrüder Lieder aus ihren Heimatländern vortragen.

Den Höhepunkt des Weihnachtsfestes bildet dann wie in allen Benediktinerklöstern rund um den Globus die Mitternachtsmesse. Und danach gibt es bei uns in Rom noch einen Empfang. Mit Prosecco und Panettone – einem typisch italienischen Weihnachtsgebäck – stoßen wir zusammen mit Freunden und Gästen in kleiner Runde auf das Christkind an.

Während einer solchen Feier kam ich mit einem unserer Studenten aus dem ehemaligen Ostblock ins Gespräch. Er bereitete sich darauf vor, Priester zu werden. Wenn er sein theologisches Examen bestanden habe, werde er in seine Heimat zurückkehren, erklärte er mir, und hoffe, dort ein einflussreiches Amt auszuüben.

Ich fragte, was ihn bei seinem Studium motiviere? Und er antwortete: «Sehen Sie, jede Gesellschaft ist doch so etwas wie eine Pyramide. Mit einem Abschluss aus Rom komme ich der Spitze dieser Pyramide ein ganzes Stück näher.»

Nachdenklich hörte ich dem jungen Mann zu und ging dabei mit ihm ein paar Schritte weiter zu unserer Krippe. «Nun ja», meinte ich, «das mit der Pyramide mag schon stimmen. Aber ER» – ich wies auf das Kind in der Krippe – «hat diese Pyramide doch gründlich auf den Kopf gestellt.» Unser Student blieb noch lange schweigend vor der Krippe stehen.

Wer die Wahrheit fassen will,
wird scheitern,
und wer sie
zu beschreiben sucht,
der findet keine Worte.

Nur wer im Herzen
staunend niederkniet,
den berührt sie
– in der Tiefe seiner Seele.

Die Weihnachtsbotschaft

Mitten im Leben
wird Gott geboren

In jenen Tagen erging ein Erlass des Kaisers Augustus, den ganzen Erdkreis in Steuerlisten einzutragen. Diese Aufzeichnung war die erste und geschah, als Quirinius Statthalter von Syrien war. Alle gingen hin, sich eintragen zu lassen, ein jeder in seine Stadt. Auch Josef zog von der Stadt Nazaret in Galiläa hinauf nach Judäa in die Stadt Davids, die Betlehem heißt. Denn er war aus dem Haus und Geschlecht Davids. Er wollte sich mit Maria eintragen lassen, seiner Verlobten, die schwanger war. Während sie dort waren, kam für Maria die Zeit ihrer Niederkunft, und sie gebar ihren Sohn, den Erstgeborenen, wickelte ihn in Windeln und legte ihn in eine Krippe, weil in der Herberge für sie kein Platz war.

Und in derselben Gegend waren Hirten auf dem Feld, die bei ihrer Herde Nachtwache hielten. Da trat der Engel des Herrn zu ihnen und die Herrlichkeit des Herrn umstrahlte sie und sie fürchteten sich sehr. Der Engel aber sagte zu ihnen: Fürchtet euch nicht! Denn ich verkünde euch eine große Freude, die dem ganzen Volk zuteil werden soll. Heute ist euch in der Stadt Davids der Retter geboren, nämlich der Messias, der Herr. Und dies soll euch das Zeichen sein: Ihr werdet ein Kind finden, in Windeln gewickelt, in einer Krippe liegend.

Und plötzlich war bei dem Engel eine Menge himmlischer Heerscharen, die Gott lobten und sprachen: Herrlichkeit in den Höhen für Gott und auf der Erde Friede den Menschen seiner Huld.

Als die Engel von ihnen weg in den Himmel gegangen waren, sagten die Hirten zueinander: Lasst uns nach Betlehem gehen und sehen, was geschehen ist und was der Herr uns kundgetan hat.

Sie kamen eilends hin und fanden Maria und Josef und das Kind, das in der Krippe lag. Als sie es sahen, berichteten sie von dem Wort, das ihnen über dieses Kind gesagt worden war. Und alle, die es hörten, wunderten sich über das, was ihnen von den Hirten erzählt wurde. Maria aber bewahrte alle diese Worte und erwog sie in ihrem Herzen.

Lukasevangelium 2,1–19

Die Autoren

Notker Wolf OSB
Dr. phil., 1977 zum Erzabt von St. Ottilien gewählt, seit 2000 als Abtprimas der Benediktiner mit Sitz in Rom höchster Repräsentant von mehr als 800 Klöstern und Abteien auf der ganzen Welt. E-Gitarrist der Rockband «Feedback».

Corinna Mühlstedt
Promovierte evangelische Theologin, Journalistin und Autorin, ARD-Korrespondentin, lebt in München und Rom. Themenschwerpunkte: Weltkirche, Ökumene und interkultureller Dialog.

In seinen Advents- und Weihnachtsimpulsen erzählt Abtprimas Notker Wolf von den Erfahrungen auf Reisen rund um den Globus. Corinna Mühlstedt führt seine Gedanken in 24 meditativen Impulsen fort. Das Fazit der Autoren: Mitten in unserem Leben kommt Gott zur Welt.

Für die Advents- und Weihnachtszeit

CHRISTA SPILLING-NÖKER
Unter einem hellen Stern
Der meditative Adventskalender
Mit Illustrationen von Margret Bernard-Kress
Klappenbroschur mit Spiralbindung
ISBN 978-3-451-33201-2
24 Stern-Meditationen von Christa Spilling-Nöker führen in die besondere Stimmung der Adventszeit und machen Mut zu einem «adventlichen» Leben, das nach vorn schaut und der Zukunft Gutes zutraut.

Licht und Stille
Der spirituelle Adventskalender
Mit 29 Farbfotografien
Spiralbindung | ISBN 978-3-451-33190-9
Für jeden Tag bietet der Kalender stimmungsvolle Texte und bereichernde Rituale aus dem Kloster. Mit Texten von Anselm Grün, Pierre Stutz, Katharina Schridde, Odilo Lechner, David Steindl-Rast, Notker Wolf und Paulus Terwitte.

ANDREA SCHWARZ
Eigentlich ist Weihnachten ganz anders
Hoffnungstexte
Gebunden | ISBN 978-3-451-29645
Andrea Schwarz erinnert auf alltagsnahe und zum Teil verblüffende Weise an den Zauber und das Geheimnis des Weihnachtsfests.

RICHARD ROHR
Auf dem Weg nach Weihnachten
Ein Begleiter durch die Adventszeit
96 Seiten | Gebunden mit Leseband
ISBN 978-3-451-31060-7
Richard Rohr gehört zu den prophetischen Stimmen des gegenwärtigen Christentums. In seinem Adventsbegleiter erschließt er das Weihnachtsfest jenseits seiner Umstellungen durch Kitsch und Kommerz.

MARGOT KÄSSMANN
Wenn die Dunkelheit leuchtet
Auf Weihnachten zugehen
160 Seiten | Gebunden
Verlag Kreuz in der Verlag Herder GmbH
ISBN 978-3-7831-8009-1
In diesen Texten zu Weihnachten geht es um Gottes Licht in der Welt und die Schatten, die wir kennen, um die große Freude und die Sorgen, die zum Leben gehören. Weihnachtliche Gedanken von der bekanntesten Theologin Deutschlands: Margot Käßmann.

CAROLIN REIBER
Meine schönsten Weihnachtsgeschichten
160 Seiten | Gebunden mit Schutzumschlag
ISBN 978-3-451-32363-8
Carolin Reiber hat ihre liebsten Weihnachtsgeschichten für uns gesammelt. Sie handeln von der Vorfreude und dem Glück des Weihnachtsfestes, vom Schenken und Beschenktwerden, von der Freude der heiligen Nacht und dem Wunder, das für uns alle geboren wurde.

HERDER

Umschlagfoto Abt Notker Wolf:
© dpa Picture-Alliance / Erwin Elsner

Umschlaggestaltung:
Weiß-Freiburg GmbH – Graphik & Buchgestaltung

Innengestaltung: pagina GmbH, Tübingen

Die Bibel ist zitiert nach:
Die Bibel. Die Heilige Schrift
des Alten und Neuen Bundes.
Vollständige deutsche Ausgabe
© Verlag Herder Freiburg im Breisgau 2005

AΩ
DIE BIBEL

Herstellung:
fgb · freiburger graphische betriebe
www.fgb.de

Gedruckt auf umweltfreundlichem,
chlorfrei gebleichtem Papier
Printed in Germany

ISBN 978-3-451-32329-4